DESSINS

ET

AQUARELLES

DE L'ÉCOLE FRANÇAISE

DU

DIX-HUITIÈME SIÈCLE

CONDITIONS DE LA VENTE

Elle sera faite au comptant.

Les acquéreurs paieront 5 p. 100 en sus du prix d'adjudication.

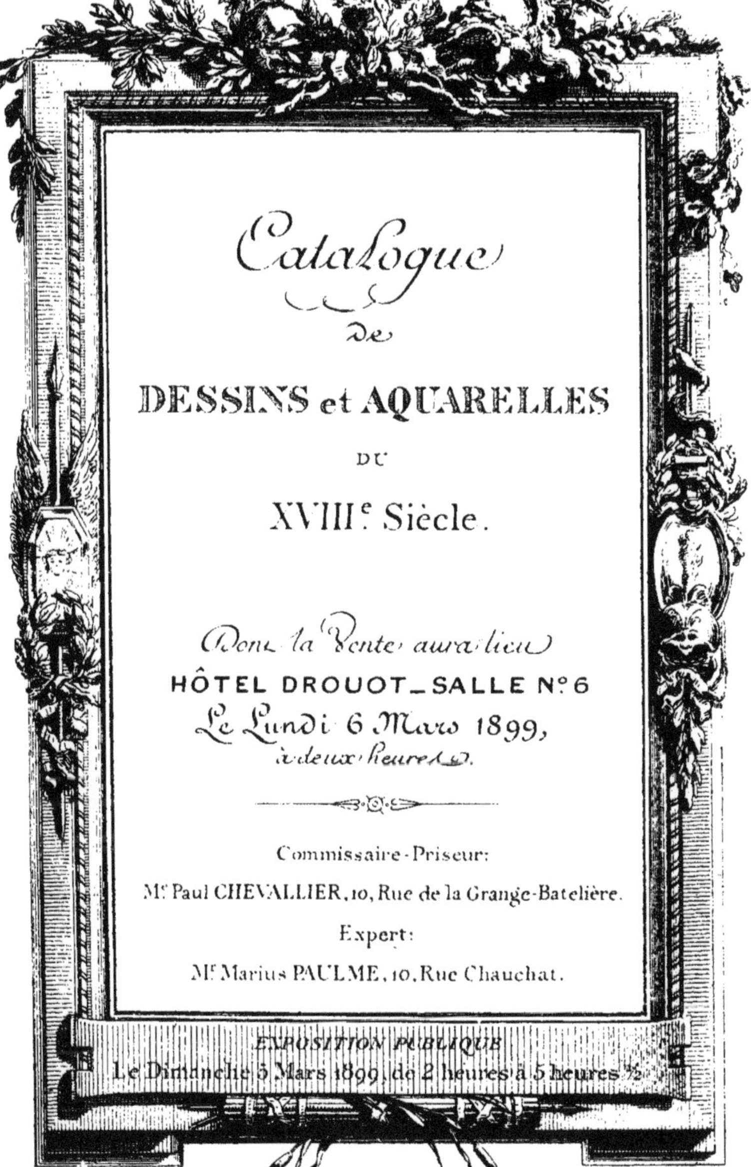

Catalogue

de

DESSINS et AQUARELLES

DU

XVIIIᵉ Siècle.

Dont la Vente aura lieu

HÔTEL DROUOT _ SALLE Nᵒ 6

Le Lundi 6 Mars 1899,

à deux heures.

Commissaire-Priseur:

Mᵉ Paul CHEVALLIER, 10, Rue de la Grange-Batelière.

Expert:

Mᵉ Marius PAULME, 10, Rue Chauchat.

EXPOSITION PUBLIQUE

Le Dimanche 5 Mars 1899, de 2 heures à 5 heures ½.

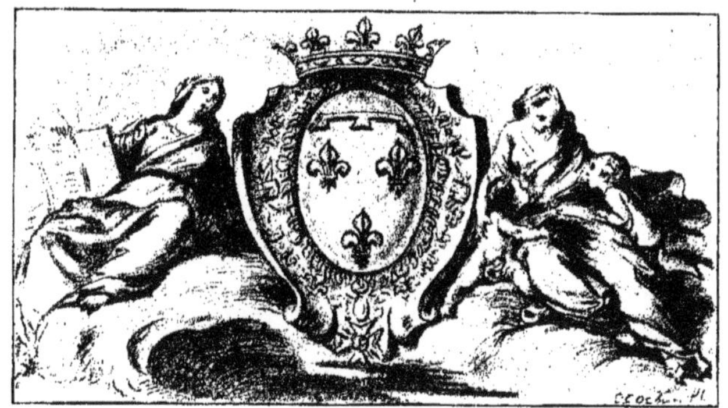

N° 25. — C.-N. COCHIN

DÉSIGNATION

AMAND

(JACQUES-FRANÇOIS)

1. — *Portrait de petite fille.*

De face, un petit bonnet dans les cheveux, sa pou-
pée dans les bras.

Charmant dessin au crayon noir rehaussé de couleurs.

(H., 0, 21. — L., 0,15.)

I

BOILLY

(LOUIS)

2. — *Portrait de Mme Bouchardy, femme du peintre.*

Buste ovale; de trois quarts à gauche, la figure presque de face, coiffée d'un bonnet garni de rubans.

Dessin au crayon noir rehaussé de blanc.
Cadre Louis XVI, bois sculpté doré.

(Ovale. H., 0,20. — L., 0,17.)

BOUCHER

(FRANÇOIS)

3. — *Tête de jeune fille.*

En buste, vue de dos, la tête retournée de profil à gauche, en corsage décolleté et ruban dans la chevelure.

Très beau dessin aux trois crayons, de la belle qualité de l'artiste.

(H., 0,22. — L., 0,18.)

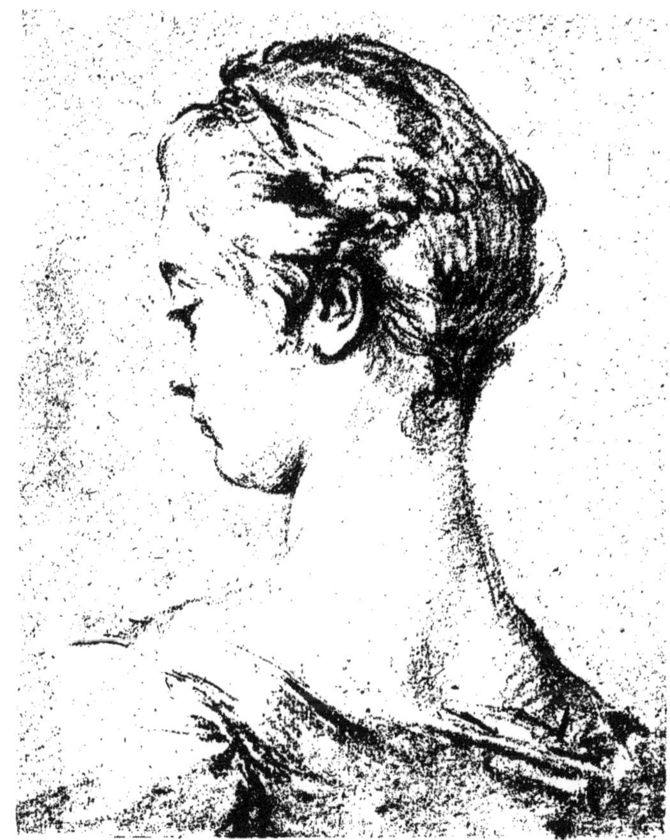

Boucher

Tête de jeune fille

BOUCHER

(FRANÇOIS)

4. — *Femme portant son enfant.*

La jeune femme est vue de face, les pieds nus, coiffée d'un bonnet sur un fichu; un panier de provisions dans chaque bras, elle porte son enfant et marche dans un paysage.

Important dessin aux crayons de couleurs rehaussé de blanc, sur papier gris.

(H., 0,32. — L., 0,22.)

BOUCHER

(FRANÇOIS)

5. — *Portrait de jeune fille.*

En buste, de trois quarts vers la gauche, décolletée et coiffée d'un bonnet de dentelle noire dont les brides viennent se rattacher par un nœud sous le menton, elle tient de sa main droite sur sa poitrine un petit chien griffon.

Charmant petit dessin aux trois crayons.

(H., 0,15. — L., 0,12.)

BOUCHER

(FRANÇOIS)

6. — *Paysanne à la fontaine.*

Dans un paysage rustique, une fontaine près de laquelle se tient appuyée, les bras croisés sur un seau qu'elle vient emplir, une jeune paysanne. Plus loin, une chaumière ; fond d'arbres.

Spirituel et habile dessin à la pierre noire.

(H., 0,22. — L., 0,31.)

BOUCHER

(FRANÇOIS)

7. — *La Jeune Bergère.*

Elle est assise à terre, les jambes allongées, les pieds nus, et garnit de roses son chapeau ; à ses pieds un chien la regarde ; plus loin, à gauche, un jeune berger sommeille, la tête sur ses mains.

Beau dessin à la sanguine, gravé en fac-similé et en contre-partie dans l'œuvre de Demarteau, sous le n° 112.

(H., 0,165. — L., 0,215.)

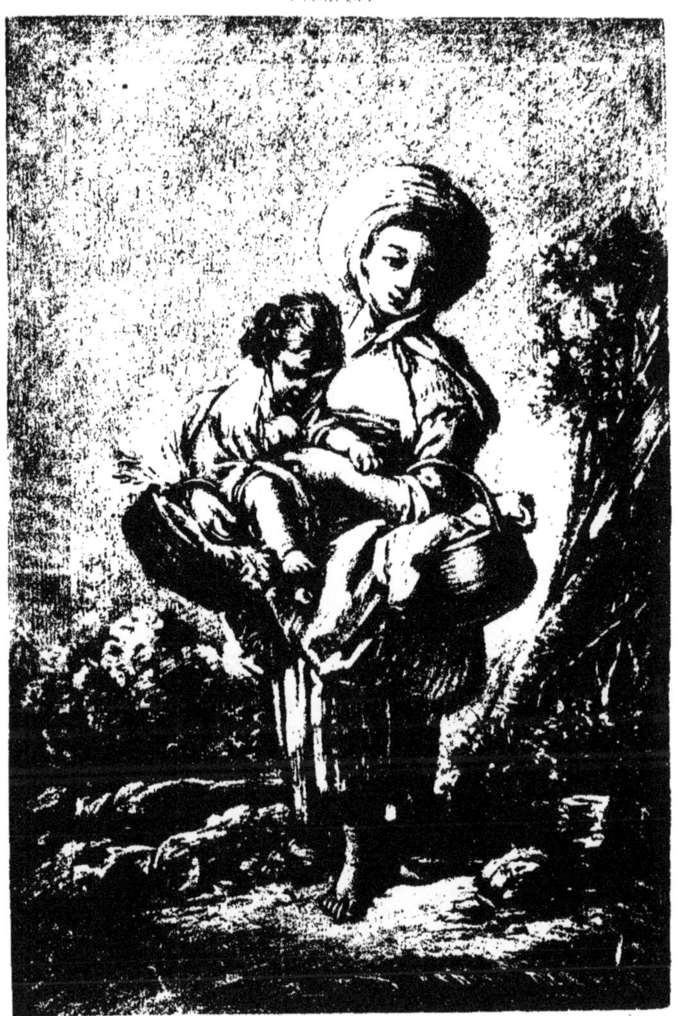

Femme portant son enfant

BOUCHER

(FRANÇOIS)

8. — *Le Retour de l'Enfant prodigue.*

Importante composition de neuf figures dont le centre est occupé par le patriarche recevant dans ses bras l'enfant prodigue de retour au logis; au second plan, personnages secondaires et accessoires divers.

Beau dessin à la plume, lavé de sépia.

(H., 0,38. — L., 0,25.)

BOUCHER

(FRANÇOIS)

9. — *La Petite Fermière.*

Dans une cour de ferme, une fillette assise sur un banc mange de la crème. A côté d'elle, une vache passe sa tête au travers de la porte de l'étable; à droite, un petit chien et à terre divers accessoires. Fond de paysage.

Joli dessin au crayon d'une exécution précieuse. Signé en bas à droite : *F. Boucher*.

(H., 0,165. — L., 0,215.)

BOUCHER

(FRANÇOIS)

10. — *Tête de jeune fille.*

De profil à gauche, la tête légèrement inclinée en avant.

Dessin à la pierre noire, rehaussé de sanguine de belle qualité mais un peu frotté.

(H., 0,19. — L., 0,15.)

BOUCHER

(FRANÇOIS)

11. — *Jeune paysanne et son enfant.*

Dans un coin de ferme, au bord d'une mare, une jeune paysanne, un seau à la main, va puiser de l'eau ; son jeune enfant, pieds nus, est à côté d'elle.

Gracieuse composition à la pierre noire, signée dans le bas à droite : *F. Boucher.*
Cadre ancien Louis XVI, bois sculpté doré.

(H., 0,20. — L., 0,14.)

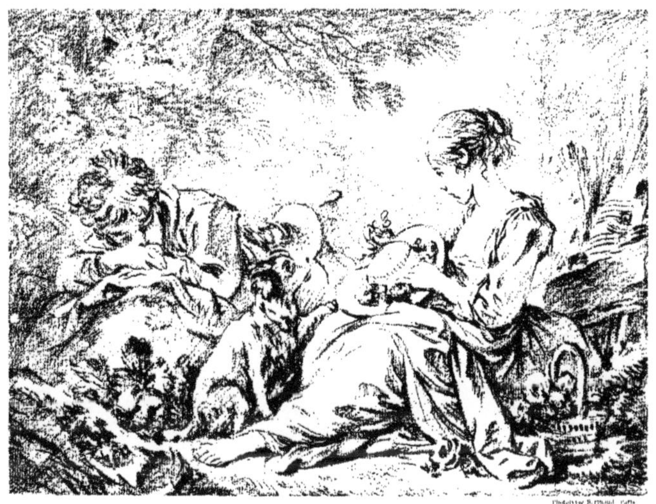

Nᵒ 7

BOUCHER

(FRANÇOIS)

12. — *Étude de femme nue.*

Vue de face, elle retient de sa main gauche une
draperie qui la couvre derrière; à côté d'elle, à sa
droite, est un amour debout les bras levés vers elle.

Dessin à la pierre noire et à la sanguine rehaussé de
blanc, sur papier bleu, portant un cachet d'ancienne collection.

(H., 0,34. — L., 0,25.)

BOUCHER

(FRANÇOIS)

13. — *Étude de femme assise.*

De trois quarts sur la gauche, la figure de profil,
elle s'appuie sur son bras gauche, étendant le bras
droit en avant, la main fermée.

Belle étude à la pierre noire pour une composition dé-
corative; signée en bas à droite, à la plume : *F. Boucher.*

(H., 0,32. — L., 0,23.)

BOUCHER

(FRANÇOIS)

14. — *Bergerade.*

Dans un paysage, au pied d'un arbre, un groupe de deux bergers et une bergère devisent ; à gauche, un chien couché ; à droite, des moutons.

Croquis de forme ovale, à la plume, habilement rehaussé de sépia.

(Ovale. H., 0,15. — L., 0,17.

CAUVET

(GILLES-PAUL)

15. — *Deux Dessus de porte.*

Petites compositions décoratives dont l'une est formée d'un médaillon avec les initiales D B entrelacées, supporté par deux sphinx à corps de femme ; et l'autre d'un vase soutenu par deux amours debout et enguirlandé de rameaux fleuris.

Plume et aquarelle.

(H., 0,085. — L., 0,14.)

CHARDIN

(Attribué à J.-B.-S.)

16. — *Tête de jeune garçon.*

Il est en buste, de trois quarts vers la droite, les cheveux longs, les yeux légèrement baissés.

Intéressant dessin aux trois crayons.

(H., 0,17. — L., 0,13.)

CLODION

CLAUDE MICHEL, dit)

17. — *Bas-relief.*

Un groupe de gros enfants potelés sont occupés à jouer avec une chèvre.

Dessin à la pierre noire, rehaussé de blanc, simulant un bas-relief.

(H., 0,19. — L., 0,38.)

COCHIN LE FILS

(CHARLES-NICOLAS)

18. — *Portrait d'Antoine Petit, « Docteur régent et ancien professeur de la Faculté de médecine de Paris ».*

Assis de trois quarts vers la droite, les cheveux longs, les yeux intelligents, la bouche souriante.

Superbe dessin à la mine de plomb, de la plus belle exécution de l'artiste.
Signé en bas sous la tablette, au milieu : *C. N. Cochin f. delin. 1786 ;* sur sa monture du temps et dans son ancien cadre Louis XVI, en bois sculpté doré.

(H., 0,20. — L., 0,135.)

COCHIN LE FILS

(CHARLES-NICOLAS)

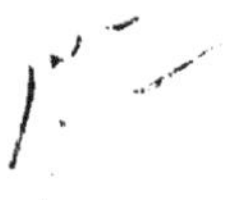

19. — *Portrait du curé de Gandelu.*

En costume sacerdotal, calotte sur la tête, de profil à gauche, assis et vu en buste.

Très beau dessin à la mine de plomb d'une conservation parfaite.
Signé entre les filets de son ancienne monture : *Dessiné par C. N. Cochin, à Gandelu, 1778.*
Cadre ancien Louis XVI, bois sculpté doré.

(H., 0,11. — L., 0,09.)

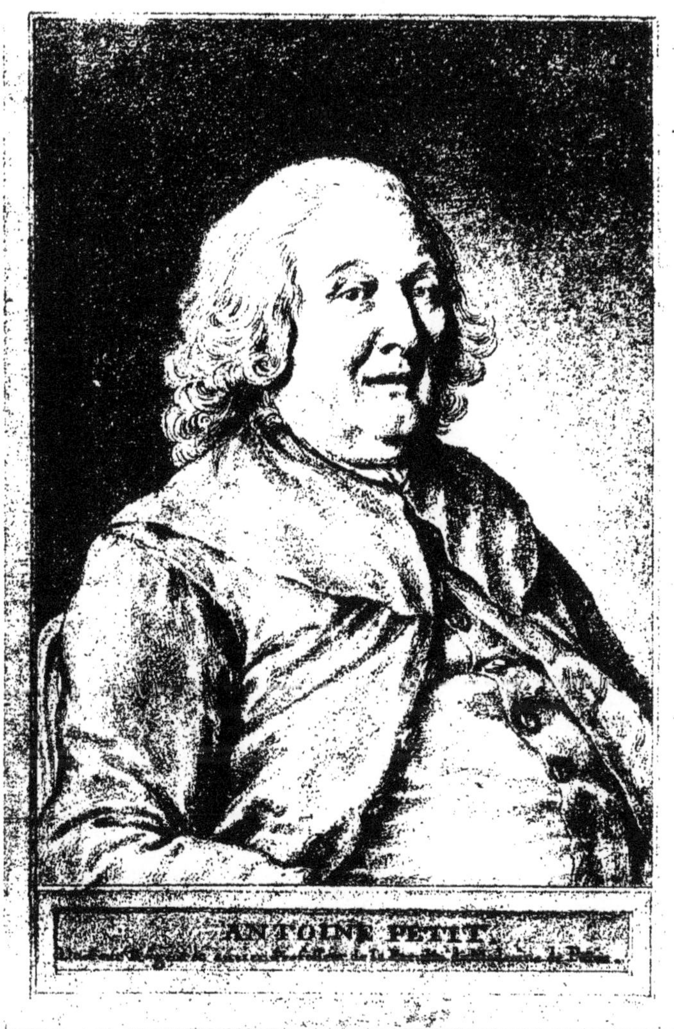

N° 18

COCHIN LE FILS

(CHARLES-NICOLAS)

20. — *Portrait d'abbé.*

En buste, en médaillon de profil à gauche.

Très joli dessin à la mine de plomb, sur son ancienne monture.
Cadre ancien Louis XVI, bois sculpté doré.

(Médaillon rond. — Diam., 0,08)

COCHIN LE FILS

(CHARLES-NICOLAS)

21. — *Portrait de jeune garçon.*

En buste, en médaillon de profil à gauche.

Beau dessin à la sanguine d'une grande fraîcheur.
Cadre ancien Louis XVI, bois sculpté doré.

(Médaillon rond. — Diam., 0,14.)

COCHIN LE FILS

(CHARLES-NICOLAS)

22. — *Portrait de jeune homme.*

En buste, de profil à gauche.

Dessin à la mine de plomb de forme ovale.
Cadre ancien Louis XVI, bois sculpté doré.

(Médaillon ovale. H., 0,13. — L., 0,11.)

COCHIN LE FILS

(CHARLES-NICOLAS)

23. — *Composition allégorique.*

Dans un paysage un faune drapé et costumé en
Folie conduit un groupe d'enfants à moitié nus figurant
chacun par un attribut ou un fragment de costume une
personnalité différente de la Société du xviiie siècle. On
y distingue le Roi, le Régent et des femmes célèbres
de cette époque.

Important et charmant dessin à la sanguine, gravé en
réduction par Choffard pour illustrer les *Œuvres badines
et morales* de Cazotte. Signé et daté en bas à gauche :
C. N. Cochin 1761.
Cadre ancien Louis XVI, bois sculpté doré.

(H., 0,26. — L., 0,17.)

COCHIN LE FILS

(CHARLES-NICOLAS)

24. — *La même composition.*

Même sujet que le précédent; mais ici les enfants
sont moins nombreux mais plus grands; le groupe se
détache sur un fond de draperie suspendue entre deux
arbres dont on aperçoit les hautes branches.

Très joli dessin à la sanguine, gravé par Prévot pour le
même ouvrage que le précédent.
Cadre ancien Louis XVI, bois sculpté doré.

(H., 0,26. — L., 0,17.)

COCHIN LE FILS

(CHARLES-NICOLAS)

25. — *Trois compositions allégoriques.*

Dessins pour en-tête, composés chacun d'un écu armorié dans un cartouche surmonté d'une couronne et agrémenté de figures et d'attributs divers.

Tous les trois sont signés.

(H., 0,065. — L., 0,115 et 0,125.)

COCHIN LE FILS

(CHARLES-NICOLAS)

26. — *Quatre petits dessins.*

En-tête pour un ouvrage scientifique.

Très gracieux dessins à la mine de plomb sur peau de vélin ; l'un d'eux est signé : *Cochin.*

(H., 0,065. — L., 0,12.)

COCHIN LE FILS

(CHARLES-NICOLAS)

27. — *Trois dessins.*

Vignettes pour en-tête représentant des intérieurs d'ateliers de différents métiers.

A la mine de plomb sur parchemin, signés : *C. N. Cochin le fils*.

(H., 0,055. — L., 0,08.)

COCHIN

(Genre de)

28. — *Portraits d'homme et de femme.*

Bustes en médaillons faisant pendants.

Bons dessins à la sanguine.

(Médaillons ronds. — Diam., 0,12.)

DESRAIS

(CLAUDE-LOUIS)

29. — *Offrande à l'Amour.*

Dans un paysage, sur un piédestal élevé de deux marches, est une statue de l'Amour tenant d'une main une torche enflammée, de l'autre une couronne. Autour du monument quatre couples d'amoureux viennent offrir des présents.

Très joli dessin à la plume et à l'aquarelle rehaussé de quelques touches de gouache.
Cadre ancien Louis XVI, bois sculpté.

(H., 0,16. — L., 0,225.)

EISEN LE PÈRE

(FRANÇOIS)

30. — *Portrait de jeune enfant.*

Il est assis sur des coussins en jolie toilette Louis XV, bonnet et béguin en tête, collier au cou, tenant de sa main gauche une trompette.

Très joli dessin à la pierre noire rehaussé de blanc.
Cadre rond ancien Louis XVI, bois sculpté doré.

(Médaillon rond. — Diam., 0,18.)

FRAGONARD

(HONORÉ)

31. — *Le Parc.*

Dans un parc avec fontaines, charmilles et fond d'arbres, plusieurs couples s'ébattent.

Beau dessin à la sépia d'une belle coloration.

(H., 0,225. — L., 0,17.)

FRAGONARD

(HONORÉ)

32. — *Les Laveuses.*

Au bord d'une rivière débouchant d'une suite de voûtes sur lesquelles est un pont reliant deux terrasses plantées d'arbres, sont trois jeunes femmes occupées à laver du linge ; à gauche, près d'un escalier, deux personnages ; sur l'autre rive, plusieurs groupes de petites figures.

Beau dessin à la sanguine daté à la plume au bas à droite : *Roma 1774.*

(H., 0,28. — L., 0,385.)

FRAGONARD

(HONORÉ)

33. — *Villa à Rome.*

Au premier plan à gauche, une statue antique au milieu d'une niche; à droite, terrasse avec treille et groupes de figures.

Dessin à la sanguine.
Cadre Louis XVI, bois sculpté.

(H., 0,215. — L., 0,31.)

FRAGONARD

(HONORÉ)

34. — *L'Aumône. — La Rencontre.*

Deux esquisses au crayon très largement rehaussées de sépia.
Dessins provenant de la collection A. Piat et cités dans l'œuvre de Fragonard par M. le baron Roger Portalès.

(H., 0,23. — L., 0,17.)

GRANVILLE

(J.-J.)

35. — *Huit dessins.*

A la plume rehaussés de sépia ou d'encre de Chine, représentant en charges différents épisodes du règne de Louis-Philippe.
Sous verre.

(Ce lot sera divisé.)

GREUZE

(JEAN-BAPTISTE)

36. — *Chien et Chat.*

Intérieur rustique; quatre enfants sont réunis et regardent se battre un chien et un chat.

Croquis à la mine de plomb rehaussé de lavis.

(H., 0,155. — L., 0,215.)

HUET

(JEAN-BAPTISTE)

37. — *Vache couchée.*

Étude à la sanguine rehaussée de blanc sur papier gris, signé dans le bas à gauche : *J. B. Hüet 1778.*

(H., 0,19. — L., 0,27.)

LA FARGUE

(P.-C.)

38. — *Défilé de corporation*.

Sur une place d'architecture flamande la foule est assemblée, les fenêtres garnies de spectateurs, pour assister au défilé des corporations de la ville, précédées de leurs massiers.

Très intéressant dessin à la plume lavé d'encre de Chine, signé en bas à droite en contre-partie : *P. C. La Fargue, ad viv. del*.

(H., 0,17. — L., 0,39.)

LA LONDE

(DE)

39. — *Lit Louis XVI*.

Lit de milieu en bois sculpté garni d'étoffe à grands ramages; le ciel à panaches, de forme circulaire, est soutenu par des colonnettes et drapé d'étoffe.

Dessin à la plume rehaussé d'encre de Chine.

(H., 0,34. — L., 0,24.)

LE BARBIER L'Aîné

40. — *Offrande à Flore*.

A l'ombre de grands arbres, autour d'un piédestal
surmonté d'une statue de la déesse au pied duquel est
un brûle-parfum, des femmes accompagnées d'enfants
apportent des guirlandes et des paniers de fleurs ;
dans le fond, façade de temple antique.

Fraîche aquarelle sur trait de plume signée et datée dans
le bas à gauche : *Le Barbier l'aîné, 1773*.

(H., 0,34. — L., 0,27.)

LE BARBIER L'Aîné

(Pendant du précédent)

41. — *L'Acqueduc*.

Dans un paysage dont le fond est un aqueduc
antique au travers duquel passe une chute d'eau, se
trouve à gauche un escalier conduisant à une tour
circulaire ; au pied de l'escalier, une jeune mère s'est
assise avec son enfant ; à droite, deux personnages dont
l'un semble indiquer à l'autre son chemin ; un chien
jappe sur un rocher.

Aquarelle sur trait de plume signée et datée en bas à
gauche : *Le Barbier l'aîné 1773*.

(H., 0,34. — L., 0,27.)

LEMOINE

42. — *Portrait de Feuilly, du Théâtre-Français.*

Célèbre comédien comique, mort jeune en 1773.

Dessin de forme ovale aux crayons de couleurs.

(Médaillon ovale. H., 0,18. — L., 0,145.)

LE PRINCE

(JEAN-BAPTISTE)

43. — *Étude de femme debout.*

Vue de dos marchant de trois quarts vers la droite dans un paysage, coiffée d'un large chapeau garni de plumes, les épaules couvertes d'un fichu de dentelle, le bras en avant, la main fermée tenant une poignée de fleurs.

Gracieux dessin au lavis d'encre de Chine signé en bas à droite : *J. B. Leprince.*

(H., 0,37. — L., 0,27.)

LE PRINCE

(JEAN-BAPTISTE)

44. — *La Mère laborieuse.*

Au bord de la mer, une jeune femme est assise et tricote pendant qu'elle berce avec son pied un jeune enfant couché dans un berceau ; à sa gauche, une jeune fille l'observe. Costumes russes.

Très joli dessin à la sépia dont on a gratté la signature qui se devine encore en bas à gauche.

(H., 0,17. — L., 0,15.)

LE PRINCE

(JEAN-BAPTISTE)

45. — *Jonque chinoise.*

A huit rameurs en costumes chinois ; l'avant est formé d'une tête de poisson sur laquelle un Chinois tient un parasol en plumes, l'arrière est une sorte de pagode où se tiennent des personnages tenant des perroquets.

Très belle aquarelle sur trait de plume.

(H., 0,23. — L., 0,37.)

LANCRET

(NICOLAS)

46. — *Étude d'homme.*

Vu de trois quarts à droite, le genou droit à terre, le haut du corps et la tête de profil à droite, les deux bras relevés. Sur la même feuille, au-dessus de la tête, un croquis de la figure de profil.

Superbe et vigoureuse étude aux trois crayons approchant de très près du faire de Watteau.

(H., 0,185. — L., 0,155.)

LANCRET

(NICOLAS)

47. — *Étude pour « les Patineurs »* (au Louvre).

Une jeune femme vient de faire une chute sur la glace ; vue de dos, elle tend ses deux mains à un jeune homme qui s'en saisit et s'efforce à la relever.

Très beau dessin à la pierre noire, relevé de blanc, d'une remarquable fermeté d'exécution. Cachet de collection.

(H., 0,26. — L., 0,21.)

LANCRET

(NICOLAS)

48. — *Étude d'homme debout.*

Vu de face, la tête de trois quarts à gauche, il
tient son tricorne de ses deux mains, ramenées sur la
poitrine.

Très beau dessin à la sanguine, d'une grande distinction.
Marque d'ancienne collection.
Cadre ancien Louis XV, bois sculpté.

(H., 0,22. — L., 0,13.)

LANCRET

(NICOLAS)

49. — *Étude d'homme assis.*

Sur un tertre en pente de trois quarts à gauche, le
haut du corps et la tête de profil à gauche, les jambes
croisées, la main gauche sur le genou.

Jolie étude à la pierre noire et à la sanguine.
Cadre ancien Louis XIV, bois sculpté doré.

(H., 0,16. — L., 0,15.)

LANCRET

(NICOLAS)

50. — *Étude pour « les Troqueurs »*.

Deux études d'hommes sur une même feuille ; à droite, un homme debout de trois quarts à gauche tient de sa main gauche une tasse à vin, et de l'autre un flacon ; à gauche, un autre homme presque de profil porte ses deux bras en avant ; dans sa main droite il tient une coupe qu'il présente au premier personnage.

Très beau dessin à la sanguine pour illustrer un conte de La Fontaine, *les Troqueurs*, gravé par Larmessin. Marque de collection.

On a joint une épreuve de la gravure.

(H., 0,22. — L., 0,26.)

LANCRET

(NICOLAS)

51. — *Étude d'homme debout*.

Vu de face, les jambes écartées, tenant entre ses deux mains élevées un livre ouvert ; la tête légèrement inclinée et tournée vers la gauche.

Très belle étude à la sanguine pour une figure du conte de La Fontaine, *On ne s'avise jamais de tout*, gravé par Larmessin.

(H., 0,265. — L., 0,15.)

4

LANCRET

(NICOLAS)

52. — *Étude d'homme.*

Assis à terre les jambes allongées, le haut du corps
appuyé contre un tertre, la tête de trois quarts vers la
gauche, le bras allongé, la main sur le genou.

Très beau dessin à la sanguine, rehaussé de blanc, intéressant par l'étude du costume.

(H., 0,13. — L., 0,20.)

LANCRET

(NICOLAS)

53. — *Étude d'homme.*

Accroupi, le genou gauche à terre, la jambe droite
pliée, il semble déboucher un flacon.

Beau dessin à la pierre noire rehaussé de blanc.

(H., 0,185. — L., 0,10.)

LANCRET

(NICOLAS)

54. — *Deux Études d'hommes.*

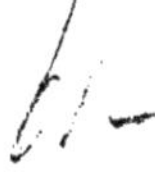

a. En haut de la feuille, un homme allongé à terre, la jambe gauche par-dessus la droite repliée, le bras gauche relevé.

b. En bas, étude d'homme assis à terre, les jambes allongées.

Beaux croquis à la sanguine.

(H., 0,145. — L., 0,20.)

LANCRET

(NICOLAS)

55. — *Étude d'homme.*

Il est étendu à terre vu de profil, la jambe droite allongée, la jambe gauche revenant en avant, le bras gauche relevé.

Joli dessin à la sanguine.

(H., 0,11. — L., 0,15.)

LANCRET

(NICOLAS)

56. — *Étude d'homme assis*.

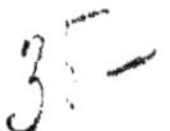

De trois quarts vers la gauche, le haut du corps penché vers la droite et la tête de profil à gauche.

Bon dessin à la pierre noire rehaussé de blanc.

(H., 0,15. — L., 0,13.)

LANCRET

(NICOLAS)

57. — *Étude d'homme*.

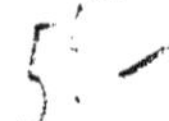

Il est assis à terre, de trois quarts vers la gauche, s'appuyant sur le bras gauche, le bras droit allongé le long de la jambe.

Belle étude à la sanguine.

(H., 0,15. — L., 0,19.)

LANCRET

(NICOLAS)

58. — *Deux Études de femmes.*

a. Tête de femme coiffée de profil à gauche.
b. Figure de femme debout, de profil à gauche, les deux bras en avant.

Deux dessins à la sanguine.

(*a.* H., 0,05. — L., 0,035.)
(*b.* H., 0,14. — L., 0,07.)

LANCRET

(NICOLAS)

59. — *Deux Études d'hommes.*

a. Jeune homme debout vu de dos, de trois quarts à droite, buvant à une cruche qu'il tient de ses deux mains.
b. Apothicaire vu de dos, de trois quarts à gauche, s'apprêtant à remplir son office.

Croquis à la sanguine.

LANCRET

(NICOLAS)

60. — *Trois croquis.*

Dessins à la sanguine : études d'hommes; et un dessin à la sanguine de Pater : étude de femme.

MONSIAU

(NICOLAS-ANDRÉ)

61. — *Bacchanale.*

Dans un paysage, au premier plan un groupe de deux bacchantes et un faune s'ébattent au pied d'un terme enguirlandé de pampres et d'un autel antique sur lequel sont des raisins, des fruits et une amphore; au second plan, autre groupe de trois figures.

Intéressante aquarelle sur trait de plume, signée sur le fût de l'autel; sur son ancienne monture.

(H., 0,18. — L., 0,125.)

MOREAU LE JEUNE

(JEAN-MICHEL)

62. — *Vue de la Place Neuve de Louis XV, le Bien-Aimé*.

Étude des différents petits groupes de personnages qui animent cette composition dont l'architecture est dessinée et gravée par Taraval.

Voir : *Œuvre de Moreau le jeune*, par Mahérault. N° 412.
Dessin à la plume rehaussé de sépia.
On a joint une épreuve de la gravure.

(H., 0,19. — L., 0,46.)

NATOIRE

(CHARLES)

63. — *Étude de femme assise*.

De trois quarts vers la gauche, à demi vêtue, les deux bras s'appuyant à droite sur une console, la tête relevée de trois quarts à gauche.

Très beau dessin aux trois crayons, sur papier gris, de la belle qualité de l'artiste.

(H., 0,36. — L., 0,24.)

OLLIVIER

(MICHEL-BARTHÉLEMY)

64. — *Femme debout.*

Presque de face, légèrement tournée vers la droite,
la tête de profil à droite, les deux bras retombant et
tenant en ses mains une banderole d'étoffe.

Charmant dessin à la pierre noire et à la sanguine,
rehaussé de blanc.

(H., 0,235. — L., 0,14.)

OLLIVIER

(MICHEL-BARTHÉLEMY)

65. — *Femme assise à terre.*

Vue de dos, le haut du corps relevé et les bras en
l'air.

Jolie étude à la pierre noire, rehaussée de blanc, sur papier bleu.

(H., 0,145. — L., 0,17.)

OLLIVIER

(MICHEL-BARTHÉLEMY)

66. — *Femme accroupie.*

De trois quarts à droite, la tête de profil, le bras droit retombant, un éventail à la main.

Joli dessin à la pierre noire et à la sanguine, rehaussé de blanc, sur papier bleu.

(H., 0,12. — L., 0,16.)

OLLIVIER

(MICHEL-BARTHÉLEMY)

67. — *Femme assise à terre.*

De profil, les jambes allongées, le haut du corps et la tête de trois quarts à gauche, les deux bras relevés, les mains ouvertes.

Dessin à la pierre noire et au crayon blanc, rehaussé d'aquarelle.

(H., 0,135. — L., 0,185.)

OUDRY

(JEAN-BAPTISTE)

68. — *Combat d'Éléphants, de Lions et de Tigres.*

Important dessin à la plume, lavé d'encre de Chine et
rehaussé de blanc.
Signé et daté dans le bas à gauche : *B. Oudry. 1745.*

(H., 0,31. — L., 0,52.)

PARROCEL

(CHARLES)

69. — *Bataille de Fontenoy.*

Au premier plan, le roi Louis XV, son fils et leur
état-major; dans le fond à droite, les troupes.

Grand dessin à la plume et à l'encre de Chine, rehaussé
de blanc.
Cadre ancien Louis XV, bois sculpté doré.

(H., 0,40. — L., 0,49.)

PARROCEL

(CHARLES)

70. — *Cavalier.*

De trois quarts à gauche sur un cheval se cabrant.

Belle étude à la pierre noire, rehaussée de blanc, sur papier gris.

(H., 0,20. — L.. 0,18.)

PARROCEL

(CHARLES)

71. — *Tambour.*

Il est vu de trois quarts au milieu d'un camp, jouant de son instrument et marchant vers la droite.

Dessin à la pierre noire.

(H., 0,16. — L... 0,105.)

PATER

(JEAN-BAPTISTE)

72. — *Étude de femme.*

Accroupie à terre vue de dos, le haut du corps relevé, la figure de profil à droite, le bras droit et la main à la hauteur du visage.

Très beau dessin à la sanguine d'une grande fermeté d'exécution que nous donnons à Pater, mais qui pourrait, non sans raison, être attribué à Watteau.
Marques de collections.

(H., 0,13. — L., 0,16.)

PATER

(JEAN-BAPTISTE)

73. — *Femme assise.*

Vue de profil, le haut du corps légèrement renversé, la figure retournée de trois quarts à droite, le bras droit appuyé sur la jambe, la main semblant indiquer.

Très belle étude à la sanguine, rehaussée de blanc, d'une qualité remarquable.

(H., 0,155. — L., 0,17.)

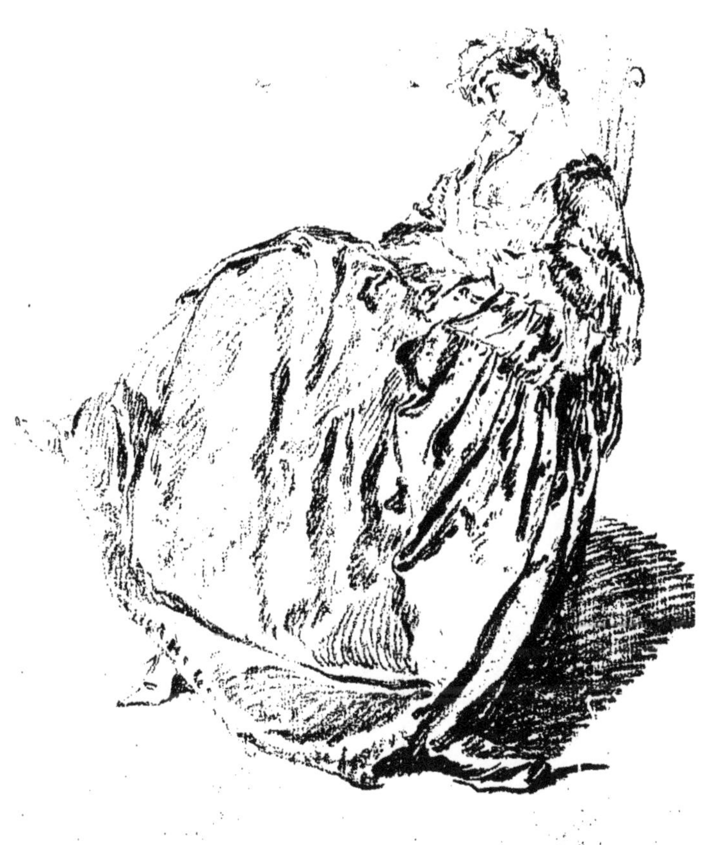

PATER

(JEAN-BAPTISTE)

74. — *Étude de femme assise.*

Elle est de trois quarts vers la gauche ; la jambe
gauche sur la droite, les mains croisées sur l'estomac,
tête inclinée en avant.

Très beau dessin à la sanguine, de la plus belle qualité
du maître.
Cadre ancien Louis XV, bois sculpté doré.

(H., 0,195. — L., 0,165.)

PATER

(JEAN-BAPTISTE)

75. — *Femme assise.*

Vue presque de face, le haut du corps légèrement
renversé et de trois quarts vers la droite, la tête un
peu inclinée, elle tient de ses deux mains un éventail.

Très beau dessin à la sanguine, de la plus belle facture
du maître.

(H., 0,15. — L., 0,135.)

PATER

(JEAN-BAPTISTE)

76. — *Jeune Femme et Fillette.*

La jeune maman debout, le pied droit sur un petit banc, tient par la main sa petite fille qui n'est qu'esquissée ; sur la même feuille, à droite, une étude plus avancée de la petite fille.

Très beau dessin à la sanguine.

(H., 0,19. — L., 0,25.)

PATER

(JEAN-BAPTISTE)

77. — *Femme assise.*

Sur un tertre, vue de trois quarts à gauche, s'appuyant sur son bras gauche, le bras droit allongé sur la jambe ; la tête penchée et vue de trois quarts à droite. — Au *verso,* autre croquis de femme.

Beau dessin à la sanguine.

(H., 0,15. — L., 0,18.)

PATER

(JEAN-BAPTISTE)

78. — *Femme assise.*

Vue de trois quarts à droite, la tête de profil, la main droite ramenée vers la poitrine, la main gauche allongée à droite.

Joli croquis à la sanguine.

(H., 0,17. — L., 0,15.)

PATER

(JEAN-BAPTISTE)

79. — *Étude d'homme debout.*

Vu de trois quarts vers la gauche, il semble saluer en inclinant le haut du corps en avant et ramenant le bras et la main droite sur la poitrine, le bras gauche allongé.

Joli croquis à la sanguine.
Cadre ancien Louis XIV, bois sculpté doré.

(H., 0,16. — L., 0,10.)

PATER

(JEAN-BAPTISTE)

80. — *Trois Études d'hommes.*

a. Jeune homme debout presque de face, le haut du corps de trois quarts vers la gauche, faisant des bulles de savon.

c. Le même, dans une attitude différente.

b. Jeune homme de trois quarts vers la droite, la jambe droite en arrière, les deux bras en avant.

Trois beaux dessins à la sanguine.

(*a* et *c*. H., 0,15. — L., 0,07.)
(*b*. H., 0,15. — L., 0,12.)

PATER

(JEAN-BAPTISTE)

81. — *Deux Militaires.*

a. Debout de trois quarts vers la gauche, tenant son fusil sous le bras.

b. Assis de trois quarts à droite, la tête en arrière, il tient de la main gauche l'extrémité de son fusil qui pose à terre entre ses jambes.

Deux croquis à la sanguine.

(H., 0,15. — L., 0,10.)

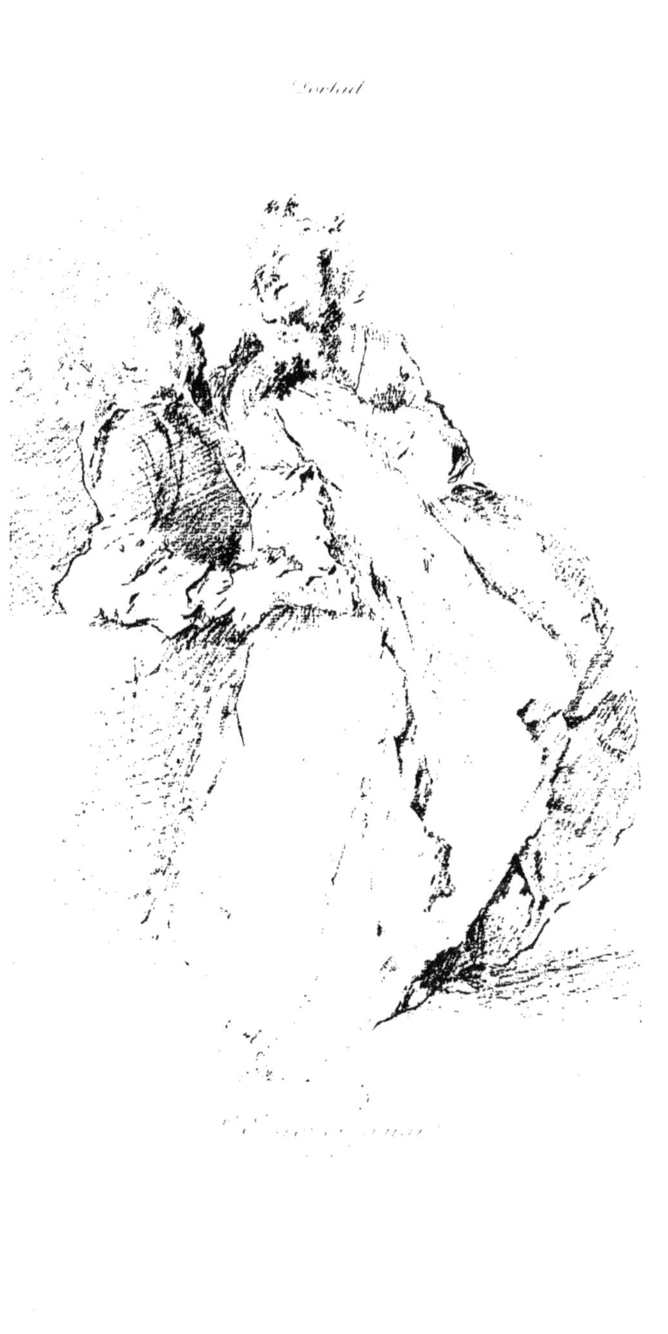

PATER
et
(JEAN-BAPTISTE)

LANCRET
(NICOLAS)

82. — *Études.*

a. Étude d'homme conduisant une barque, par Lancret.

b. Étude de deux personnages, par Pater : Un homme tendant la main à une femme assise à terre pour la relever.

Deux dessins à la sanguine.

(*a.* H., 0,13. — L., 0,085.)
(*b.* H., 0,125. — L., 0,14.)

PORTAIL
(JACQUES-ANDRÉ)

83. — *L'Entretien galant.*

Groupe de deux personnages. Un gentilhomme de profil à droite tient appuyée contre lui, et lui serrant la main dans la sienne, une jeune femme en joli costume Louis XV; celle-ci, la tête légèrement inclinée en arrière, éclairée à contre-jour, tient un bouquet de sa main gantée appuyée sur la poitrine et paraît prendre intérêt aux propos galants que lui murmure le gentilhomme.

Très beau et important dessin à la sanguine et au crayon, d'une coloration blonde et d'une harmonie délicate.
Cadre ancien Louis XV, bois sculpté doré.

(H., 0,33. — L., 0,22.)

PORTAIL

(JACQUES-ANDRÉ)

84. — *La Conversation.*

Groupe de deux personnages. Le premier, en riche costume de gentilhomme, est assis sur une chaise à haut dossier, de trois quarts vers la gauche, la tête tournée de trois quarts à droite, le bras droit arrondi avec la main sur la hanche, le bras gauche allongé et la main tenant le tricorne appuyé sur le genou; les jambes sont allongées dans une attitude très gracieuse. Le second personnage, derrière, l'épaule appuyée sur le dossier de la chaise et la tête inclinée, semble converser avec le premier.

Très beau dessin à la pierre noire et à la sanguine, de la plus belle manière de l'artiste.
Cadre ancien Louis XV, bois sculpté doré.

(H., 0,25. — L., 0,19.)

PORTAIL

(JACQUES-ANDRÉ)

85. — *La Déclaration.*

Gracieuse composition de deux personnages. Elle est assise à gauche, sur une chaise, de face, le haut du corps incliné vers la droite, s'appuyant du bras gauche sur la jambe d'un gentilhomme assis à droite de trois quarts vers la gauche et paraissant lui faire une déclaration qu'elle semble écouter complaisamment.

Très beau et important dessin à la pierre noire et à la sanguine, largement touché de sépia, d'une brillante exécution.
Cadre ancien Louis XV, bois sculpté doré.

(H., 0,24. — L., 0,24.)

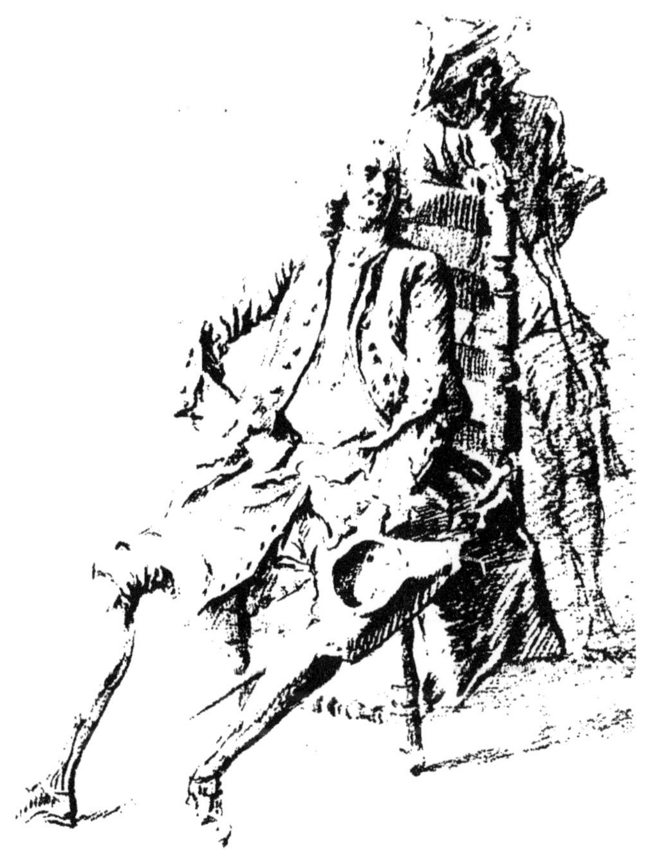

PORTAIL

(JACQUES-ANDRÉ)

86. — *Gentilhomme assis.*

De trois quarts vers la droite, la tête de profil, le haut du corps légèrement penché en avant, il tient de sa main droite son tricorne appuyé sur le genou et semble converser avec un interlocuteur invisible.

Superbe dessin à la sanguine d'une exécution grasse et ferme, le premier que nous ayons jamais rencontré de cette manière dans l'œuvre de l'artiste.
Cadre ancien Louis XV, bois sculpté doré.

(H., 0.225. — L., 0,155.)

PORTAIL

(JACQUES-ANDRÉ)

87. — *Le Duo.*

Gracieuse composition de deux figures : la jeune fille est assise auprès d'une table et tient ouverte, de ses deux mains, une partition dont elle va tourner un feuillet en levant les yeux vers le jeune homme, debout à sa droite, jouant en pizzicati sur sa contrebasse.

Charmant dessin à la pierre noire et à la sanguine d'une remarquable qualité.

(H., 0,16. — L., 0,155.)

PORTAIL

(JACQUES-ANDRÉ)

88. — *Portrait de jeune femme.*

Le buste décolleté est à peine indiqué au-dessous de la ligne des épaules nues. La figure souriante, de trois quarts vers la droite, est légèrement inclinée en avant; un petit bonnet retenu au sommet de la tête par un nœud de ruban la coiffe; des boucles d'oreilles et un ruban autour du cou complètent la parure.

Très beau dessin à la pierre noire et à la sanguine.
Cadre ancien Louis XV, bois sculpté doré.

(H., 0,145. — L., 0,115.)

PORTAIL

(JACQUES-ANDRÉ)

89. — *La Lecture.*

Jeune fille assise de trois quarts vers la gauche. Elle lit attentivement un livre posé sur une table; la tête légèrement inclinée, les yeux baissés, est coiffée d'un bonnet; le corsage est décolleté et les manches ouvertes.

Très joli dessin à la pierre noire et à la sanguine, rehaussé de lavis de sépia, de la plus belle qualité du maître.
Au revers on peut lire le nom du maître d'une écriture ancienne; peut-être la signature autographe?

(H., 0,13. — L., 0,125.)

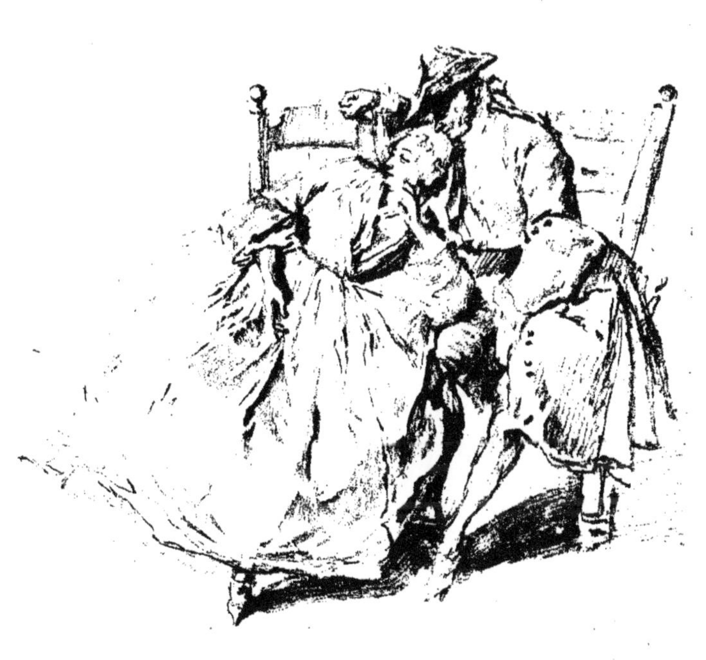

La Déclaration

PORTAIL

(JACQUES-ANDRÉ)

90. — *Le Jeune Violoniste.*

A mi-corps de face, coiffé du tricorne, il joue de son instrument dans une pose des plus gracieuses.

Très beau dessin à la pierre noire et à la sanguine d'une rare distinction.

(H., 0,19. — L., 0,155.)

PORTAIL

(JACQUES-ANDRÉ)

91. — *Deux personnages causant.*

Dans l'ouverture d'une porte de boutique une jeune fille est assise, de profil, à gauche, la figure presque de face, et semble causer à un jeune homme, debout, qui paraît s'éloigner en retournant la tête vers elle.

Charmant dessin à la pierre noire et à la sanguine.

(H., 0,25. — L., 0,17.)

PORTAIL

(JACQUES-ANDRÉ)

92. — *Études de musiciens.* — *Page d'album.*

Sur une même feuille trois croquis différents.

En bas, à gauche, un jeune homme assis joue du violoncelle, un cahier de musique ouvert devant lui ; au-dessus, un jeune homme coiffé du tricorne joue de la flûte ; à droite et très peu fait, un autre violoncelliste.

Intéressant dessin à la pierre noire et à la sanguine.

(H., 0,125. — L., 0,175.)

PORTAIL

(JACQUES-ANDRÉ)

(2 pendants.)

93. — *Gibier mort.*

Chacun de ces dessins représente un couple de deux oiseaux, dont l'un est suspendu par le bec et pose sur l'autre placé sur la table.

Intéressants dessins à la pierre noire et à la sanguine qu'on rencontre rarement, bien que Portail fût d'abord dessinateur de fleurs et de natures mortes.

(H., 0,28. — L., 0,24.)

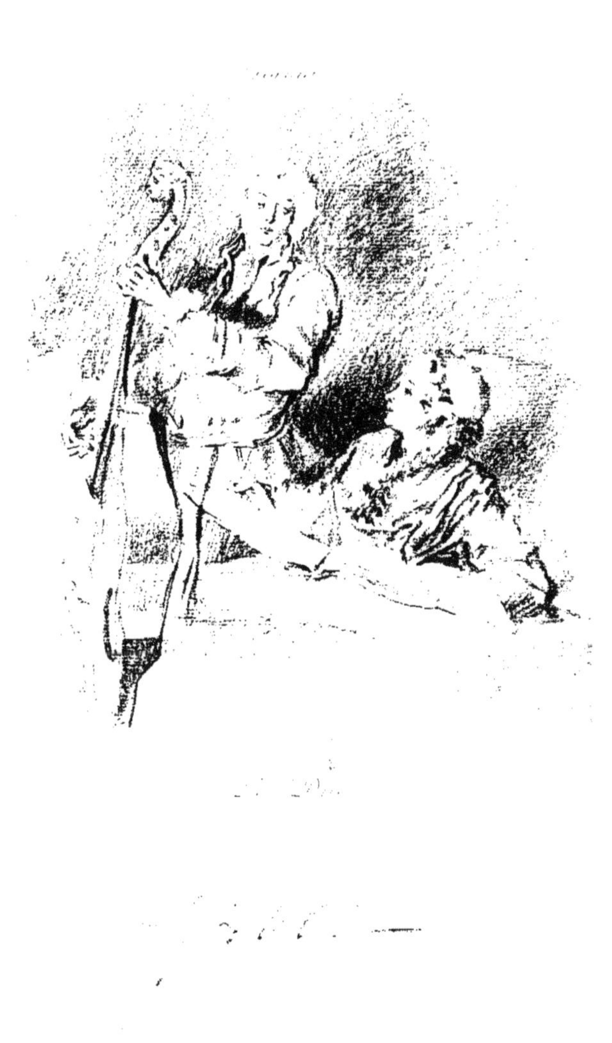

ROBERT

(HUBERT)

94. — *Ruines antiques.*

Au milieu de ruines antiques : colonnades, piédestal, statue, pyramide. etc., trois personnages sont arrêtés et causent : fond de cyprès à hautes ramures.

Très beau dessin à l'aquarelle.
Cadre ancien Louis XVI, bois sculpté doré.

H., 0,62. — L., 0,41.

ROBERT

(HUBERT)

95. — *Fragments antiques.*

A gauche. un puits formé d'une margelle et de deux colonnes corinthiennes; à droite, une fontaine d'où l'eau s'écoule d'un mascaron dans un bassin circulaire.

Intéressant dessin à la sanguine.

(H., 0,20. — L., 0,27.)

SAINT-AUBIN

(GABRIEL DE)

96. — *Portrait de Mme Honancourt et de trois jeunes filles de Saint-Cyr, près Versailles.*

Très joli dessin à la mine de plomb signé en bas à gauche : *Collection H. Destailleur.*
Cadre ancien Louis XVI, bois sculpté doré.

(H., 0,165. — L., 0,155.)

SAINT-AUBIN

(GABRIEL DE)

97. — *Portrait présumé de Claude-Michel, dit Clodion,* célèbre sculpteur né à Nancy.

Buste en médaillon, de profil à gauche. Costume à jabot; perruque nouée derrière par un ruban.

Superbe dessin à la pierre noire rehaussé de blanc et très légèrement relevé d'aquarelle.
Cadre ancien Louis XVI, bois sculpté doré.

(Médaillon rond. — Diam., 0,14.)

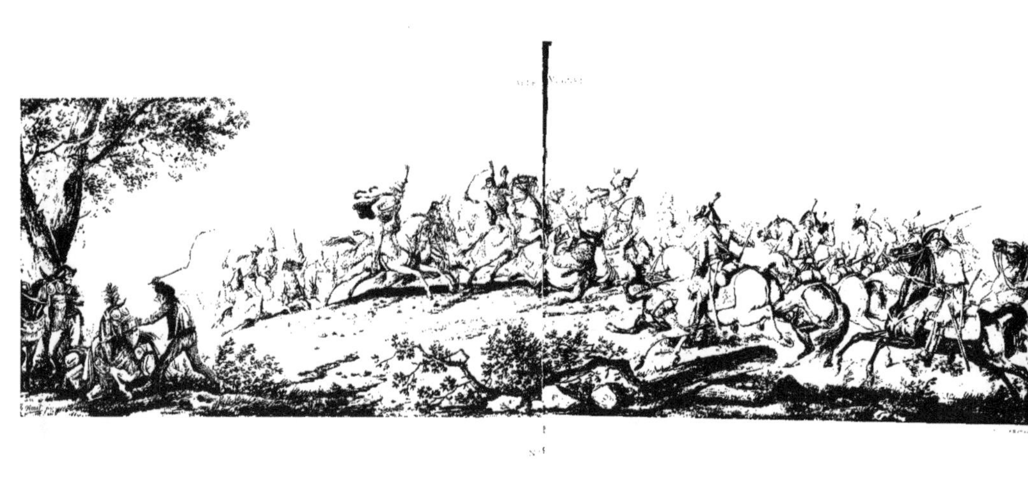

SCHMIDT

(G.-F.)

(2 pendants.)

98. — *Portraits d'homme et de femme.*

En buste, de face, de forme ovale équarrie.

Beaux dessins à la pierre noire rehaussés de blanc sur papier gris.

(H., 0,28. — L., 0,23.)

VERNET

(CARLE)

99. — *Bataille de Montebello (1800).*

Les hussards de Lannes et les carabiniers autrichiens sont aux prises. Plusieurs cavaliers de part et d'autre frappés à mort tombent de cheval. Au premier plan, à gauche, à l'abri d'un gros arbre, deux muletiers près de leurs montures, au milieu un tronc d'arbre renversé. Dans le fond, à gauche, un fort armé de canons vomissant des projectiles sur des escadrons de cavalerie défilant au milieu d'un nuage de fumée et de poussière. Lointain de paysage.

Très beau et important dessin à la plume, lavé d'encre de Chine et rehaussé de blanc : signé dans le bas à gauche : *Carle Vernet, an 8.*
Cadre du temps.

(H., 0,315. — L., 1,05.)

WATTEAU

(ANTOINE)

100. — *Homme assis à terre.*

Vu en raccourci, de trois quarts à droite, le torse relevé, s'appuyant de sa main droite sur le sol, la tête presque de face, les jambes allongées en arrière.

Très beau dessin aux trois crayons d'une exécution large et vigoureuse.

(H., 0,15. — L., 0,12.)

WATTEAU

(ANTOINE)

101. — *Femme debout.*

De trois quarts, à gauche, le bras droit relevant sa jupe, le bras gauche en arrière, dans une attitude de danse. Sur la même feuille, une étude de main fermée tenant un bâton.

Très beau dessin aux trois crayons.

(H., 0,22. — L., 0,15.)

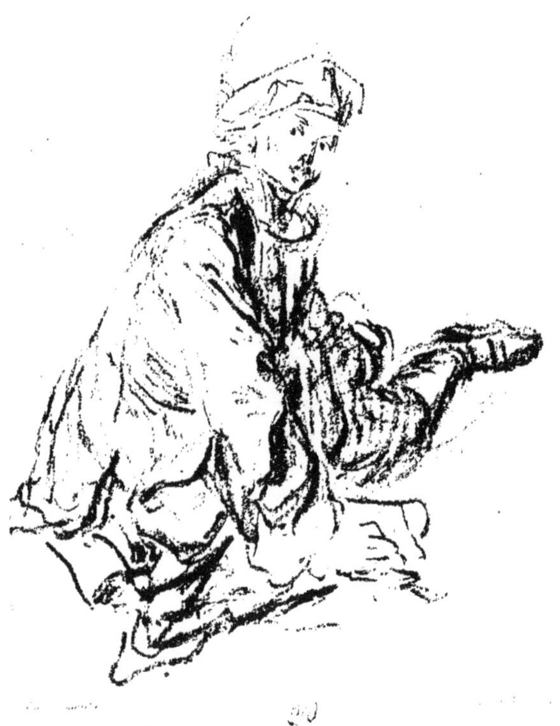
Watteau

WATTEAU

(ANTOINE)

102. — *Homme étendu à terre.*

Vu de face, les jambes allongées, il semble tenir
de sa main gauche une lettre qu'il lit, la tête coiffée
du tricorne légèrement inclinée en avant.

Beau et nerveux dessin à la sanguine sur son ancienne
monture.

(H., 0,10. — L., 0,18.)

WATTEAU

(ANTOINE)

103. — *Femme assise.*

A terre, vue de dos, le haut du corps soulevé,
s'appuyant sur le bras droit, le bras gauche légèrement
relevé, la tête complètement de profil.

Très belle étude à la pierre noire rehaussée de blanc sur
papier gris.

(H., 0,14. — L., 0,16.)

WATTEAU

(ANTOINE)

104. — *Composition de huit personnages.*

Au premier plan, un groupe de quatre figures dont deux, une femme et un homme, assis en avant, paraissent causer ; dans le fond à gauche, deux autres groupes de deux figures.

Spirituel croquis à la sanguine.

(H., 0,15. — L., 0,18.)

WATTEAU

(ANTOINE)

105. — *Homme assis jouant de la guitare.*

Sur un tertre, de trois quarts vers la gauche, la figure vue de face.

Charmant petit dessin à la sanguine, gravé sous le n° 203 dans le tome second et dernier des *Figures de différents Caractères, de Paysages ou d'Études dessinees d'après nature par Antoine Watteau, et tirées des plus beaux cabinets de Paris.*

(H., 0,12. — L., 0,075.)

WATTEAU

(ANTOINE)

106. — *Femme agenouillée et relevant sa jupe.*

Vue de dos et légèrement tournée vers la droite.

Bon dessin à la pierre noire.
Collections Despéret et De Chennevières.

(H., 0,17. — L., 0,135.)

WATTEAU

(ANTOINE)

107. — *Jeune fille en buste.*

Presque de face, le regard très peu à gauche.

Dessin à la sanguine.
Collections Despéret et De Chennevières.

(H., 0,18. — L., 0,13.)

WATTEAU

(ANTOINE)

108. — *Étude d'après un ancien maître.*

Buste de femme de trois quarts à gauche, la figure
de profil; sur la même feuille, en haut, à gauche,
étude d'une petite figure nue.

Beau dessin à la sanguine.

(H., 0,28. — L., 0,14.)

ÉCOLE FRANÇAISE

109. — *Étude d'homme.*

Vu presque de face, légèrement à droite, il tient devant lui un portefeuille fermé. Au verso, très belle étude de main.

Intéressant dessin à la sanguine rehaussée de blanc. L'étude de main est aux trois crayons.

(H., 0,25. — L., 0,195.)

ÉCOLE FRANÇAISE

110. — *Étude de jeune homme.*

Il est assis sur une chaise, de profil à gauche, les jambes allongées, les bras croisés en avant, la tête inclinée sur l'épaule droite, semblant dormir.

Intéressant dessin à la pierre noire.

(H., 0,15. — L., 0,22.)

ÉCOLE FRANÇAISE

111. — *Étude d'enfant.*

Il est assis de profil, sur une chaise basse.

Croquis à la sanguine.

(H., 0,22. — L., 0,15.)

ÉCOLE FRANÇAISE

112. — *Scène de la Révolution.*

Dans un intérieur de palais, un groupe de personnes debout, au milieu duquel est une femme devant une table sur laquelle on semble apporter de l'argent; à droite, deux enfants s'embrassent.

Très jolie aquarelle.

(H., 0,14. — L., 0,10.)

ÉCOLE FRANÇAISE

113. — *Cadre ornementé pour entourer une illustration de la « Rodogune », tragédie de P. Corneille, acte V, scène IV.*

Gouache simulant une tapisserie à fond bleu quadrillé, guirlandes de roses et ornementation dorée.

(H., 0,33. — L., 0,26.)

ÉCOLE FRANÇAISE

114. — *Tables dressées.*

Deux dessins représentant, avec des variantes, une table dressée pour un dîner d'apparat, avec l'emplacement marqué des surtouts et des différentes pièces d'argenterie.

A la plume, rehaussés d'aquarelle.
Sous verre.

(H., 0,22. — L., 0,58.

PARIS. — TYP. CHAMEROT ET RENOUARD, 19, RUE DES SAINTS-PÈRES. — 37407.